Georges d'Avenel

La Publicité

Mécanismes de la Vie moderne

 Le code de la propriété intellectuelle du 1er juillet 1992 interdit en effet expressément la photocopie à usage collectif sans autorisation des ayants droit. Or, cette pratique s'est généralisée dans les établissements d'enseignement supérieur, provoquant une baisse brutale des achats de livres et de revues, au point que la possibilité même pour les auteurs de créer des œuvres nouvelles et de les faire éditer correctement est aujourd'hui menacée. En application de la loi du 11 mars 1957, il est interdit de reproduire intégralement ou partiellement le présent ouvrage, sur quelque support que ce soit, sans autorisation de l'Éditeur ou du Centre Français d'Exploitation du Droit de Copie , 20, rue Grands Augustins, 75006 Paris.

ISBN : 978-1979633468

10 9 8 7 6 5 4 3 2 1

Georges d'Avenel

La Publicité

Mécanismes de la Vie moderne

Table de Matières

Introduction	6
Section I	6
Section II	10
Section III	17
Section IV	21
Section V	33

Introduction

La publicité dont il est ici question est celle qu'emploient, pour annoncer leurs produits, les fabricants et les marchands. C'est la plus voyante ; ce n'est pas la seule. Outre cette publicité industrielle et commerciale, appliquée à la recherche de gains matériels, il existe divers ordres de « réclames, » politiques, mondaines, littéraires ou artistiques, qui satisfont seulement le besoin démocratique de « faire parler de soi. »

Besoin très moderne, lié à notre nouvel état social. La vanité humaine, qui varie peu dans son principe, change de forme suivant les temps. Le prurit de publicité, qui démange les contemporains, tient au mélange plus intime des classes, au rôle prépondérant de l'Opinion banale, où chacun s'efforce de tenir autant de place qu'il peut ; parce que, de cette place, il tire ou croit tirer sa force, son honneur, voire sa jouissance. Désormais, point de pouvoir réel sans « popularité, » point de gloire parfaite sans « notoriété, » point ou presque point d'aristocratie durable sans un « retentissement » périodique et, chose plus bizarre, pas de fête privée vraiment élégante, sans distribution aux journaux de la notice explicative du plaisir que l'on a goûté.

S'amuser n'est pas tout ; l'important est d'en informer les autres, de leur faire connaître ses toilettes, ses relations, le menu de sa table, les cadeaux donnés à ses enfants à l'occasion de leur mariage. Cette préoccupation du dehors, cette tendance à faire passer la rue au travers de son *home*, témoigne d'un goût universel de plein air. Le souci que les particuliers ont de se manifester, d'afficher leur situation, leur mérite ou leur personne, dans un monde où les rangs, devenus obscurs, sont par suite plus âprement disputés, procède du même sentiment que celui qui pousse le négociant à prôner sa marque de fabrique, pour n'être pas éclipsé, dévoré par la concurrence.

Section I

Sentiment aujourd'hui si familier, dans tous les milieux, que parfois des publicités d'ordre composite, très différentes dans leurs buts, se prêtent un mutuel appui : n'avons-nous pas vu, sur toutes nos murailles, s'étaler naguère le portrait, grandeur nature, d'un illustre homme d'Etat avec un verre de liqueur en main ? L'ingénieux propriétaire de cette liqueur et l'éminent personnage dont il exhibait ainsi les traits augustes, trouvaient chacun leur compte à cette combinaison : d'un en vulgarisant son image, l'autre en y associant sa boisson nouvelle.

Cette publicité à double effet fut grandement perfectionnée par l'inventeur d'une autre drogue, qui, lui, ne se contenta pas d'accoler à son boniment les portraits des célébrités, mais qui accompagna chacune de ces gravures, fort bien exécutées et groupées en des albums coquets, d'une phrase autographe où les illustres modèles eux-mêmes prenaient soin de vanter, l'un après l'autre, à la clientèle, les vertus de l'incomparable « liqueur Cabassol. » Quel mobile poussa les hommes d'Etat et les écrivains, les généraux et les savants, les archevêques et les acteurs, et toutes les notabilités qui fusionnaient dans cette galerie à collaborer ainsi dans une réclame pharmaceutique ? Ce n'était certes pas la douzaine de fioles du précieux liquide, dont l'inventeur leur faisait gracieusement hommage, qui pouvait les déterminer. Seul le charme contemporain de la publicité, auquel nul n'échappe, même parmi les plus hauts, était en cause. Les premières signatures ont été difficiles à obtenir ; les autres, ensuite, sont venues sans peine : du moment que les collègues, les confrères et les camarades avaient livré leur tête, refuser la sienne eût été faire croire au public qu'on n'avait point songé à vous la demander. Je gagerais qu'aujourd'hui la maison Cabassol refuse du monde. En tous cas elle raffine maintenant sur la louange ; du poète elle exige de vraies rimes, du musicien une ligne de mélodie sortable, de l'artiste un dessin de quelque valeur. Je sais un peintre en renom, dont la physionomie tarde à paraître, écartée de la prochaine livraison, parce que l'esquisse envoyée par lui pour figurer à côté de son nom est jugée insuffisante ! Triomphe de l'industrie sur les beaux-arts ! Mixtion inconnue du Codex, où quelques gouttes de « vanité, » travaillées avec une bonne dose de « finesse » dans un jus de « badauderie » commune, enrichissent un heureux pharmacien.

L'antique trompette de la Renommée n'est d'ailleurs qu'un joujou d'enfant auprès des mille engins de la réclame actuelle. « Feu mon père, disait Montaigne, avait désiré qu'il y eut es villes certain lieu désigné, auquel ceux qui auraient besoin de quelque chose se pussent rendre et faire enregistrer leur affaire à un officier établi pour cet effet : comme, « je cherche à vendre des perles ; » « je cherche des perles à vendre ; » tel veut compagnie pour aller à Paris ; tel s'enquiert d'un serviteur de telle qualité ; tel d'un maître ; tel demande un ouvrier ; qui ceci, qui cela, chacun selon son besoin. Et semble que ce moyen de nous entr'avertir apporterait non légère commodité au commerce public ; car, à tout coup, il y a des conditions qui s'entrecherchent et, pour ne s'entr'entendre, laissent les hommes en extrême nécessité. »

Théophraste Renaudot tenta, au siècle suivant, de réaliser ce vœu par son *Bureau d'adresse* ; l'annonce, par la voie des journaux, commença en Angleterre vers la même époque, et l'on cite un avis inséré dès 1660, dans le *Mercurius Publicus*, par les soins du roi Charles II, où ce prince réclamait un petit chien qui s'était sauvé de son palais. Mais l'institution de la publicité commerciale, sous ses différentes formes, ne remonte pas beaucoup au-delà d'une soixantaine d'années.

Elle a profité d'un ensemble de découvertes et de progrès, sans lesquels on ne pouvait même la concevoir : progrès de l'instruction primaire, puisqu'elle n'aurait pu s'adresser à un peuple qui ne savait pas lire ; établissement de la liberté du commerce, de la presse et de la poste à bon marché, développement des moyens de transport, des industries du papier et de l'imprimerie. Tout cela lui était indispensable pour vivre et pour prospérer.

Aujourd'hui elle correspond en France à une dépense d'au moins *cent millions* de francs par an ; la vieille maxime : « A bon vin pas d'enseigne ! » n'est plus de mise. Bon gré, mal gré, tout vendeur est amené, pour répandre sa marchandise, à la faire connaître par cet organisme nouveau que les Américains appellent : la vapeur des affaires. Ceux à qui ferait horreur l'affiche brutale et aveuglante de la rue, et de tout ce qui dépend de la rue ou la prolonge ; qui répugneraient aux annonces plus discrètes des journaux, aux prospectus ou catalogues ; ceux qui prétendent en un mot ne pas recourir à la publicité, en font une détournée ou inconsciente, par le décor de leurs cartons d'emballage, de leurs voitures de livraison, de leur papier à lettres, par le soin de leurs étalages, par l'octroi gratuit de leurs produits à des personnes qui les font valoir, par le sacrifice qu'ils s'imposent pour figurer avec éclat aux grandes expositions. Tous cherchent à frapper l'acheteur et à le séduire.

Dans les cent millions, représentant à peu près le *budget visible* de la réclame, les journaux et périodiques de tout format et de toute nature, depuis les feuilles qui paraissent tous les jours jusqu'aux almanachs qui paraissent une fois l'an, figurent en bloc pour 40 millions de francs. Les circulaires et imprimés, expédiés à domicile par les soins de la poste ou d'agences privées, peuvent s'élever à 20 millions de francs ; les affiches, sur papier ou autres substances, imprimées ou peintes et apposées, tant sur les emplacements publics ou réservés que dans les gares de chemin de fer, omnibus, bateaux, théâtres, kiosques et autres chalets, montent environ, timbre compris, à 25 millions de francs. Enfin l'on peut estimer à 15 millions les autres modes de lancement d'un article ou d'une maison, consistant en chromolithographies, calendriers, menus, boites d'allumettes, coupe-papiers, tableaux-annonces et objets innombrables, partout offerts à profusion.

Certaines publicités ne se payent pas en argent, mais en nature : les chemins de fer acquittent en permis de circulation les annonces qu'ils demandent à la presse. Loin d'être un cadeau fait aux journalistes, comme certaines personnes seraient portées à l'imaginer, la délivrance de ces billets gratuits, en échange d'insertions concernant les horaires, trains de plaisir, voyages circulaires, etc., constitue pour les compagnies une bonne spéculation. A tel actionnaire qui, lors d'une assemblée générale, se plaignit de cette prodigalité, il fut répondu par le directeur que l'administration réalisait par là une économie de 500 000 francs. Les journaux ne l'ignorent pas d'ailleurs ; mais ils n'ont jamais réussi, quoique plusieurs y aient travaillé, à transformer ce contrat de politesses réciproques en un versement mutuel d'espèces monnayées.

Les chemins de fer, comme les théâtres, les hôtels, les casinos, sont une industrie où la publicité figure au doit et à l'avoir : en recettes, pour les murs de leurs salles d'attente, les cloisons de leurs wagons et même l'envers de leurs cartes d'abonnés, qu'ils afferment à des entreprises d'annonces ; en dépenses, pour les affiches et les livrets à images, qui célèbrent les sites curatifs ou pittoresques de leurs réseaux.

Les journaux aussi se trouvent à la fois vendeurs et acheteurs de publicité ; ils l'emploient, non seulement à leur naissance et pour fixer l'attention, mais aussi pour la maintenir, pour répéter leur nom, le chiffre de leur tirage, le mérite de leurs rédacteurs, groupés on bouquets alléchants, en cortèges photographiques, autour d'une vignette empoignante du feuilleton en cours. Ceux qui possèdent le plus grand nombre de lecteurs, ceux à qui les annonces rapportent le plus, sont aussi ceux qui dépensent le plus en annonces. Les comptes publiés par le *Petit Journal* pour le dernier exercice, accusent, du chef de la publicité, un encaissement net de 2 800 000 francs — déduction faite des remises aux courtiers — et un débours de 640 000 francs pour ses propres frais d'annonces. Le coût de ce chapitre est à peu de chose près le même au *Petit Parisien*, dont les rentrées de même provenance se chiffrent par 1 700 000 francs. Le simple lancement, d'un roman nouveau implique en moyenne 80 000 francs de réclame.

Détail à noter : il n'y a pas un grand organe quotidien qui réalise, sur l'ensemble de son exploitation, un bénéfice égal au produit *brut* de la publicité ; ce qui revient à dire que, sans elle, tous seraient en perte. On peut d'ailleurs ajouter que, même avec cet appoint, les journaux politiques qui gagnent de l'argent sont rares ; il n'en est guère plus d'une dizaine à Paris, tous organisés en sociétés de différons types. Aucun d'eux n'est la propriété exclusive d'un seul homme. Considération d'ordre vulgaire et matériel, qui n'est point sans influence sur l'état moral, le rôle et l'attitude de la presse dans notre pays.

Section II

L'ère du journal vivant nécessairement de l'annonce fut, comme on sait, inaugurée sous Louis-Philippe par Emile de Girardin. Lorsque, en 1835, il fonda la *Presse*, la première feuille à 10 centimes, le *Journal des Débats* — Crésus de l'époque — tirait 200 000 francs par an de sa publicité. Girardin se flatta de dépasser ce chiffre en offrant au commerce, par l'armée d'abonnés qu'il lèverait, un vaste terrain de culture pour les affaires. Le succès ne se fit pas attendre : la quatrième page de la *Presse* était affermée 150 000 francs en 1838, et 300 000 en 1845. Mais, sauf le *Siècle* qui imita fructueusement cet exemple, les organes d'alors persistaient dans leurs anciens errements.

En 1847, M. Panis alla trouver les directeurs des journaux politiques — il en existait six seulement — et s'offrit à leur procurer des annonces s'ils lui confiaient le monopole de la régie. Comme ils n'avaient jusque-là qu'un maigre stock d'insertions légales et de vagues réclames, soldées souvent en nature, telles que « l'eau de Botot, » le marché fut tôt conclu. Ainsi naquit la première agence parisienne. A côté délie fonctionnait un nommé Havas, ancien banquier et fournisseur militaire, ruiné à la chute du premier Empire, qui adressait aux journaux de province une correspondance — embryon des futures dépêches et des messages téléphonés — où il résumait les nouvelles quotidiennes. Il vendait sa prose assez cher, et les feuilles des départements, peu fortunées en général, n'affluaient pas à sa caisse ; il leur proposa de payer leur abonnement en annonces que lui-même se chargerait de fournir.

Après la tourmente de 1848 des nuées de gazettes se fondèrent dans les plus petites villes ; il s'en trouva bientôt près de 400. Mais en même temps surgit, sous le titre de *Bulletin de Paris*, une concurrence à la lettre Havas, rédigée par M. Laffite, ancien secrétaire général de la préfecture de police. Après s'être fait la guerre de leur mieux, Havas et Laffite s'associèrent (1858). Avec l'aide d'un sieur Bullier, courtier très expert dans sa profession, ils appliquèrent à Paris le système qui leur avait réussi au dehors, et le cercle de leurs opérations était assez étendu déjà lorsqu'ils vinrent à fusionner avec les maisons similaires créées dans la capitale, tant par M. Panis, le premier initiateur, que par ses émules MM. La grange et Cerf, qui affermaient déjà un certain nombre de journaux.

Ainsi se constitua, sous le nom de « Société générale des annonces » (1865), un puissant trust de la publicité française, auquel toutes les feuilles politiques de Paris et la plupart de celles de province ont été successivement affiliées à des conditions diverses.

La Société, qui avait continué l'exploitation de l'humble correspondance du début, graduellement amplifiée, métamorphosée dans ses procédés, devenue l'énorme usine à transmission des nouvelles, rayonnant sur l'univers, se cantonna en 1879 dans la publicité pure et vendit, moyennant 7 millions et demi de francs, cette branche de son trafic, avec les traités y afférents et le nom d'« Agence Havas, » à une entreprise distincte. cette dernière distribue les renseignements télégraphiques, avec plus ou moins de profit, suivant qu'elle règne en maîtresse sur la place ou que des rivalités, comme celle de l'Agence Dalziel, qui disparut après une lutte onéreuse, l'obligent à de lourdes concessions.

De 2 millions de francs il y a trente ans, la « Société des annonces » est aujourd'hui passée à 8 millions d'affaires avec la clientèle parisienne. Ce chiffre permet d'apprécier le mouvement ascensionnel de la publicité ; il est loin de représenter la recette totale des journaux français, même en y joignant environ 4 millions de francs que se partagent quelques agences moins importantes. Le *Petit Journal* et le *Petit Parisien*, qui font à eux deux près de 5 millions d'annonces, courtages compris, restent en dehors de ce total ; de même le *Figaro*, avec 1 800 000 francs de publicité. Les autres quotidiens politiques, au nombre de 87 à Paris, demeurent, il est vrai, fort loin de pareils chiffres et, tout au bas de l'échelle, les moins favorisés d'entre eux récoltent modestement 10 à 12 000 francs par an.

Mais cinq à six grands organes régionaux de la province, *Petit Marseillais, Petite Gironde* de Bordeaux, *Dépêche* de Toulouse, *Lyon-Républicain*, réalisent ensemble une recette de 2 millions et demi ; des villes de second rang, comme Nantes, rapportent à la presse une moyenne annuelle de 300 000 francs et, quoique, dans les minuscules « Courriers, » « Echos, » « Gazettes » et « Moniteurs » hebdomadaires des chefs-lieux d'arrondissement, ce chapitre souvent ne dépasse pas 1 800 francs, les deux mille feuilles locales éparses sur le territoire représentent une somme globale d'au moins 6 millions. Il y faut joindre les magazines à gravures dont le principal encaisse 500 000 francs ; les journaux de modes, catégorie notable, dont il se tire à Paris chaque semaine plus de deux millions d'exemplaires ; les Revues graves ou légères, de divers formats ; les multiples organes spéciaux, religieux ou sportifs, industriels ou militaires, médicaux ou agricoles. Enfin l'innombrable série des publications annuelles : les 150 almanachs populaires et ruraux où les continuateurs de Nostradamus, Mathieu de la Drôme ou Laensberg, éditent à 4 millions de volumes leurs prédictions atmosphériques ; le Didot-Bottin, l'Almanach-Hachette, etc., etc.

Autour de ces périodiques, dont les uns administrent eux-mêmes leur publicité, tandis que d'autres l'afferment à forfait à des régisseurs, gravitent des courtiers dont les profits, naguère élevés, se réduisent de jour en jour. Corporation assez louche et rafalée, au dire de ceux qui en tiennent la tête et font honneur à leurs affaires.

Besogne délicate pourtant, puisqu'elle consiste à vendre du vent, et le vent qui convient, et à ne pas le vendre trop cher. Il ne suffit pas de persuader au client que son argent, aventuré en réclame, lui reviendra avec force bénéfice ; si sa mise est perdue, il se juge trompé et l'on n'y peut plus revenir. A l'industriel, au gros commerçant de passage à Paris, dont il se flatte de tirer une large commande d'insertions, le courtier s'attache avec une gracieuse opiniâtreté ; il se constitue son ami intime, son guide parmi les attractions de la ville ; il saura au besoin, en généreux commensal, lui offrir de fins repas. Parmi le personnel de cette profession il se rencontre des femmes ; elles ont, pour « enlever les affaires, » des moyens que les hommes n'ont pas.

Tels courtiers, à grandes relations, se faisaient autrefois des traitements de ministres ; mais ils disparaissent. Il fut un temps où leur remise allait jusqu'à 30 pour 100 du moulant des ordres qu'ils apportaient ; maintenant elle n'excède pas 5 pour 100 dans les feuilles très achalandées où la publicité afflue d'elle-même ; quant à celles d'un moindre tirage, elles sont rarement demandées. Les agences avaient un moment combiné des listes, où les journaux en vue devaient remorquer les autres, grâce à une réduction de prix offerte sur la masse. Des organes anciens, qui conservaient leur notoriété bien qu'ils eussent perdu leurs lecteurs, profitaient de ce système. Il a été abandonné parce que les faiseurs de réclame, jadis peu au courant, sont devenus très perspicaces, renseignés par leurs enquêtes personnelles sur la valeur exacte de la presse, même de la presse provinciale, au point de vue de son « rendement. »

Est-ce parce que ce « rendement » demeure, en France, inférieur à ce qu'il est à l'étranger, que les annonces tiennent dans nos journaux une si petite place, comparativement à celle qu'elles occupent dans les feuilles anglaises, allemandes et américaines ? Et ce faible rendement tient-il au prix élevé de notre publicité ou à l'état d'esprit du lecteur français ? Le *Times*, le *New-York Herald*, étant donnée la prodigieuse abondance des matières, perdent sur la vente des sommes considérables qu'ils récupèrent exclusivement par les annonces ; mais aussi, dans tel numéro du *Herald* qui comprend 64 pages, les annonces en remplissent 30. La ligne s'y vend 2 fr. 25, meilleur marché que chez nous, par rapport aux 350 000 numéros déroulés sur les cylindres, mais bien plus cher si l'on songe à l'énorme quantité des insertions, parmi lesquelles cette ligne est noyée.

L'annonce, qui coûte dans nos grands quotidiens 1 fr. 50 à 3 francs la ligne, vaut seulement 1 franc dans le *Standard* de Londres ou le *Secolo* de Milan, 90 centimes dans la *Neue Freie Presse* de Vienne, 40 centimes dans le *Heraldo* de Madrid, 50 centimes dans la *National Zeitung* de Berlin, organes dont les tirages varient entre 250 000 et 30 000 exemplaires. Le chiffre du tirage n'est pas au reste le seul élément, constitutif de la valeur d'une publicité ; la qualité des abonnés y entre pour beaucoup : s'il s'agit de vendre une paire de chevaux ou un hôtel aux Champs-Elysées, on n'aurait guère chance de trouver preneur au moyen d'un journal uniquement accrédité parmi les garçons limonadiers, fussent-ils cent mille.

Mais, riches ou pauvres, les Français tiennent à lire vite : remarquons que nos organes populaires qui surpassent l'un avec un million, l'autre avec 700 000 exemplaires, les chiffres de toutes autres gazettes, *dans l'univers*, sont, à toutes autres aussi, inférieurs par le format. Si ces feuilles, et celles en général qui jouissent chez nous de la faveur du public, refusent d'accroître leurs dimensions, soit en texte, soit en annonces, c'est parce qu'elles savent que notre peuple jusqu'ici répugne à cet encombrement de papier où se plaisent des peuples voisins.

Les annonces n'affluent qu'à la condition d'être profitables ; or elles ne sont profitables qu'à la condition d'être lues, et, depuis la Déclaration des droits de l'homme, il semble difficile d'obliger les citoyens à les apprendre par cœur. C'est affaire aux négociants d'attirer l'œil sur leurs élucubrations, et ils ne le cèdent, dans notre République, à ceux d'aucune autre nation : les Américains disent qu'avec une publicité bien conduite on arriverait sûrement à faire admettre par tout le monde que les noyaux de pêche contiennent des perles fines ; et l'un de nos compatriotes affirmait naguère qu'avec des réclames bien tournées il vendrait l'eau de la Seine en bouteilles. Je ne sais s'il l'a vendue effectivement ; mais le succès de certaines entreprises et, par exemple, la vogue récente de ce que l'on nommait des « boules de neige, » fédérations grâce auxquelles une nuée de bonnes gens crurent acheter toutes sortes d'objets pour le dixième de leur valeur, prouve que la bêtise humaine est sans limite, puisque les inventeurs de ces machines n'en ont pas touché le fond.

L'annonce, quoique étant par définition une offre sans phrases, a, pour se faire mieux voir, de petites finesses : clichés placés à l'envers où étrangement maculés d'une éclaboussure d'encre, qui piquent la curiosité. Au contraire, c'est une demi-page blanche qui surprend le regard, avec cette annotation dans l'angle inférieur, en tout petits caractères : « Cette place était louée par la maison Dupont frères ; mais les affaires de cette maison, qui peut à peine contenter sa nombreuse clientèle, sont si prospères, qu'elle renonce à toute publicité. » Par le bruit colossal et incessant, qu'il a fait dans toutes les parties du monde autour de son savon : le *Pears soap*, un fabricant de Londres est arrivé à vendre, de ce seul article, 15 millions de francs chaque année.

En France également, quelques annonces heureuses ont édifié des fortunes : longtemps après que M. Rigollot, fondé de pouvoirs de la chocolaterie Ménier, eut promulgué l'affirmation fameuse, « Ce chocolat est le seul qui blanchisse en vieillissant… », les ménagères demandaient aux épiciers s'ils pouvaient leur *garantir* qu'en devenant vieux ce chocolat blanchirait. La jonction de marchandises hétéroclites donne parfois de bons résultats : un libraire, impuissant à écouler les dix-neuf tomes d'une édition de Victor Hugo, imagina de lier leur sort à celui d'une pendule et de deux candélabres, en offrant, l'un portant l'autre, l'ouvrage et la garniture de cheminée, confondus dans le même éloge : « Géant littéraire, il personnifia son siècle… ; la pendule est en marbre noir, rehaussé de motifs d'or… ; partout où se trouve une intelligence, il y a un livre du grand poète… ; les girandoles et la coupe sont en beau bronze d'art… »

Mais, pour le maniement de la réclame dans les journaux, rien n'égale la pharmacie ; de même que nul, dans la rédaction des prospectus, ne surpasse le commerce des boissons. Tantôt c'est « UNE MERE qui, par reconnaissance, enverra le secret d'un remède infaillible contre la maladie de poitrine, à qui écrira ;... » chaque insertion, se terminant par cet avis : « Conservez l'adresse, elle ne sera pas redonnée. » Tantôt c'est « UNE PERSONNE qui offre gratis le moyen de guérir promptement... » la plupart de nos infirmités, et prend soin d'ajouter que sa proposition humanitaire « est la conséquence d'un vœu. » L'acquittement de ce « vœu, » à raison de 60 000 francs d'annonces par an, serait évidemment ruineux, si son auteur ne tirait, de la vente de ses médicaments, un bénéfice de 75 pour 100.

C'est la proportion du gain, dans cette branche de commerce, qui lui permet de supporter, plus aisément que tout autre, les frais d'une large publicité. Ces pilules, bénigne mixture d'aloès et de jalap, pourvues d'un nom pittoresque par leur inventeur, et cédées par lui aux dépositaires pour un franc, représentent, boite comprise, 0 fr. 20 de débours. On en peut dire autant des tisanes, sirops ou spécifiques quelconques, dont l'un dépense chaque année 500 000 francs, pour raconter dans des faits divers aux titres dextrement choisis — « Une route mystérieuse, » « Quinze jours après, » « La locomotive désemparée » — les cures superbes dues à la merveilleuse panacée.

Innombrables sont les créateurs de spécialités, dont l'objectif est d'atténuer les inconvénients de saveur ou d'odeur des produits les plus ordinaires de la thérapeutique ; mais, seuls, parviennent à la fortune ceux que guide un barnum émérite. Certaines pastilles dont les annonces atteignirent certaine année 900 000 francs, durent leur succès à l'alliance du simple pharmacien de Sainte-Menehould, qui les confectionnai !, avec le directeur d'une gazette parisienne, vivant génie de la réclame.

Qui possède cet heureux don réussit sans effort les « grains de santé contre l'anémie » et les « pâles » excitatrices de cheveux sur les crânes rebelles ; il lance, à tour de rôle, des remèdes pour combattre la migraine ou pour supprimer les hernies. Et s'il acquiert, pour peu de chose, la propriété d'un élixir qui végète, il le revend dix fois plus cher après une période de publicité active. La maison Torchon, propriétaire du « Goudron Guyot » et d'une quantité d'autres marques, fut mise en vente à la mort de son chef, en 1885, sur le pied du bénéfice des exercices précédents qui s'étaient élevés en moyenne à 1 500 000 francs par an. Un autre fabricant de produits pharmaceutiques, qui fut quelque temps député de la Seine, gagnait à peu près la même somme.

Toutes ces annonces, comme les objets à qui elles s'appliquent, sont de la nature la plus innocente. Mais la quatrième page des journaux est guettée aussi par des chevaliers d'industrie qui cherchent à s'y embusquer ; tels sont, par exemple, ceux qui offrent de procurer des emplois, à qui leur adressera, soit des timbres, soit quelque menue monnaie « pour les frais de réponse », et qui ne répondent jamais. Il ne se passe pas de jour où les feuilles sérieuses ne refusent pour un certain chiffre d'insertions qui fleurent l'escroquerie.

Quant aux « petites correspondances » qui offensent simplement la morale, certaines gazettes sont plus indulgentes. M. Bérenger a donné lecture, à la tribune du parlement, de textes dans le goût de ceux-ci : « Jeune fille désire trouver ami riche, » ou « Jeune femme du monde, gentille, ne se suffisant pas, souhaite union sûre avec monsieur aisé. » L'honorable sénateur s'est plaint que ces rédactions tentatrices ne tombassent pas, malgré leur parfum prononcé de proxénétisme, sous le coup de la loi. Les entrefilets de cette sorte ne sont d'ailleurs pas tous authentiques, mais ils portent quand même : pour mesurer le degré de diffusion du journal auquel il appartenait, un reporter jovial glissa cette phrase dans la rubrique des « mariages : » « On demande une femme n'ayant qu'une jambe. » Il paraît que les réponses ne manquèrent pas.

Section III

Publicité « classée » est le nom générique que portent les catégories qui précèdent, divisées, suivant leur emplacement et leur tarif, en annonces, réclames et faits divers. Outre ces éloges, marqués en chiffres connus, d'une marchandise quelconque, existe ce qu'on appelle, en terme de métier, la publicité « non classée ». C'est tantôt un « écho, » une note brève, tantôt un article entier, dans le corps, voire en tête du journal, où celui-ci prend à son compte l'appréciation favorable qu'il émet sur un livre, une découverte, un spectacle, un projet d'édilité, parfois sur un personnage connu ou désireux de l'être. Une actrice de talent, que les louanges normales laissaient inassouvie, consacrait annuellement, pour soigner sa gloire, des sommes fort copieuses à cette renommée artificielle.

Ici l'apologie des personnes ou des choses est naturellement plus discrète ; elle doit se teinter aussi d'une couleur de style, suffisante pour ne point déparer l'harmonie de la rédaction ambiante ; enfin elle n'offre d'intérêt que dans des origines très répandus. La feuille d'un éclat modeste a beau proposer d'adjoindre, moyennant une centaine de francs, au récit d'une fête publique, d'une visite officielle ou de tout autre événement, une glose avantageuse sur un particulier ou sur une usine ; elle a peu de chance d'obtenir cette faible allocation. Ailleurs, au contraire, il est des articles cotés 5 000 francs, quand on les obtient. Encore ne les obtient-on pas toujours. La publicité « non classée », bien qu'administrée avec mesure et bornée à un petit nombre de journaux parisiens, s'élève cependant à près de 4 millions de francs.

A côté d'elle est la publicité dissimulée, celle que font de ; grandes compagnies, des établissements en vue, des casinos comme celui de Monaco, auxquels il importe de créer ou de maintenir autour d'eux une « atmosphère favorable. » C'est aussi le but de la publicité « financière, » lors même qu'elle est inapparente et ne se manifeste que par le silence et l'absence de bruit.

Cette branche d'industrie eut son apogée durant la période qui précéda le krach mémorable de 1881, lorsque des émissions nombreuses, puisant dans ce réservoir de capitaux qu'est la France, élevaient, pour atteindre les bas de laine, employer la voie des journaux. Les exigences de ces derniers ont-elles été si grandes, ainsi qu'on l'a prétendu maintes fois, qu'elles aient écrasé le marché et que, pour échapper aux fourches de la presse, les banquiers aient déserté la place de Paris ou tourné la difficulté, en procédant à ces émissions sournoises que l'on nomme des « introductions » de valeurs ?

C'est là une légende dénuée de fondement, accréditée par les désordres du Panama qui, suivant le mot de l'expert Flory, « chantait » pour tout le monde, et par les pratiques du Crédit

Foncier où, sous une précédente administration, il était distribué environ un million par an en « publicité. » Remarquons, à ce sujet que des gazettes, depuis plusieurs années défuntes, continuaient à figurer sur les états de répartition, au nom de gens qui émargeaient régulièrement tous les mois, mais qui n'avaient jamais appartenu à aucun journal. D'où l'on peut inférer que les sommes ainsi versées servaient à récompenser d'autres concours que ceux de la presse. Une conséquence de cet abus a été le vent de suspicion qui souffle désormais dans le public, si fort qu'un ministre, il y a peu d'années, refusait de présenter pour les chemins de fer une loi qu'il savait bonne, uniquement pour nôtre pas accusé d'être vendu.

Quant à la presse, à part un ou deux forbans, redoutables dans l'art d'amener les financiers à composition, elle se divise en deux catégories : les bons journaux, dont l'appui est précieux et dont les prétentions ne sont jamais excessives, et les feuilles sans nom, — les « canards », — qui volontiers usent de menaces, mais dont on se débarrasse à bon marché.

Les relations de la haute banque avec les périodiques de Paris et de province sont concentrées, en fait, dans deux agences qui se chargent, moyennant courtage, d'organiser pour chaque affaire nouvelle une publicité suffisante. Celle-ci comprend, outre l'annonce pure et simple des chiffres de la souscription, une mention bienveillante dans le « bulletin de Bourse » capable d'influencer le capitaliste. Cette mention, plus ou moins longue, plus ou moins réitérée, coûte aussi plus ou moins cher ; mais on ne descend pas au-dessous d'un minimum de 30 000 ou 40 000 francs pour la plus petite émission, parce que l'intermédiaire ne peut aborder les quotidiens politiques qu'à la condition de traiter avec tous, sans exception ; chacun admettant que l'affaire ne distribue rien, mais n'admettant pas de rester en dehors de la distribution, s'il en est fait une. Il n'est ici question que des affaires honnêtes ; des autres, les journaux sérieux ne parlent jamais ; non seulement par délicatesse, mais parce que le préjudice moral qui en résulterait pour eux surpasserait de beaucoup la somme à recevoir.

La charge serait trop lourde encore pour une entreprise modeste, mais celle-là n'a pas besoin de faire appel au crédit. Il n'est pas fait à Paris plus d'une cinquantaine d'émissions publiques, chaque année, et le montant total de leurs frais peut être évalué à 5 millions de francs. Ils ne sont nullement proportionnés, pour chacune d'elles, au capital à couvrir ; l'engouement ou l'indifférence de l'opinion y a grande part. Telle souscription de 12 millions a coûté, ce printemps dernier. 250 000 francs, affiches comprises ; ce sont là des conditions normales. Tandis que le premier emprunt russe de 600 millions réussit avec seulement 1 million de francs, dont moitié en annonces visibles et moitié en publicité dans les bulletins.

Quelque transformation que subisse le monde économique, il obéira toujours aux mêmes lois : il faudra toujours de la réclame pour avoir de l'argent et de l'argent pour susciter de grandes industries. Sous l'influence des idées aujourd'hui en faveur, on voit les syndicats d'ouvriers ou d'employés obtenir des pouvoirs constitués les concessions de travaux et de monopoles. On serait tenté d'y voir une évolution socialiste. Grave erreur ; ces syndicats servent simplement de façades à des banquiers puissants qui les commanditent, emploient leurs noms pour s'accommoder au goût du jour et mènent, sous leur couvert, des campagnes capitalistes dans les moniteurs les plus férocement hostiles au capital.

La publicité financière se traite par conventions purement verbales ; les agents qui la centralisent ont soin toutefois, pour justifier l'emploi des fonds confiés par leurs commettants, d'en acquitter le prix au moyen de chèques. Leur fonction est assez ardue : d'un côté, ils doivent déjouer les ruses des spécialistes qui font paraître de pseudo-périodiques, quelques jours avant les grosses émissions, pour avoir part à la manne, ou qui, pour augmenter la part à eux attribuée, présentent, sous plusieurs titres, la même gazette dont les « manchettes » seules diffèrent ; d'un autre côté, il leur faut négocier l'appui d'organes presque inaccessibles qui, si honorable, que soit une a flaire, promettent difficilement leur patronage formel, même en échange de participation ou d' « options. »

L' « option, » dont on s'est beaucoup servi pour le lancement des mines d'or, est un système qui, au lieu de payer la publicité en espèces, donne au journal la faculté d'acquérir, au cours d'émission, durant un délai déterminé, un certain nombre des titres futurs. Si la valeur monte, le bénéficiaire « opte » pour l'achat et encaisse une différence ; sinon, il s'abstient, et le contrat est caduc.

Section IV

Le prospectus a, sur le journal, plusieurs avantages pour le commerçant qui s'adresse à une clientèle limitée : il en dit plus long et atteint plus sûrement son but. Soit qu'il vise en bloc certaines localités ou, éparses par toute la France, certaines catégories d'individus, les chasseurs ou les prêtres, les épiciers ou les fonctionnaires, les artistes musiciens ou les gens qui possèdent une voiture, le prospectus, petit ou grand, qu'il soit brochure luxueuse sous enveloppe ou chiffon de papier sous une pauvre bande, se rendra directement au domicile de ceux par qui l'on souhaite qu'il soit lu. Des maisons spéciales se chargent du soin de fournir les listes, de confectionner les adresses, souvent même d'opérer la distribution.

La plus ancienne, et aussi la plus connue, continue de porter les noms d'un sieur Bonnard et d'un sieur Bidault qui, en 1829, s'associèrent pour entreprendre le transport à bon marché des journaux. Bonnard et Bidault s'enrichirent, passèrent la main, mais leur enseigne demeura. Elle sert aujourd'hui de raison sociale à une société anonyme fondée en 1879 au capital de 2 500 000 francs, qui s'occupe en même temps de l'affichage.

Le personnel chargé de la fabrication des bandes se composait, il y a une dizaine d'années, de 500 à 600 « écrivains, » — les *bandistes*, — qui demeuraient presque tous sur la rive gauche, aux environs de la rue des Anglais. Ces professionnels ont à peu près disparu. Ceux qui exécutent aujourd'hui ce travail sont des gens de toute condition, quelques-uns dans la misère, épaves de la vie, — il s'y trouve jusqu'à des politiciens de rebut ; — d'autres sont de petits rentiers qui se contentent d'un salaire d'appoint. Si l'embauchage, en effet, ne comporte aucune formalité, s'il suffit de se présenter, muni d'une plume, pour être immédiatement agréé, sans avoir besoin de faire connaître ni où l'on gîte, ni qui l'on est, le métier ne donne pas de quoi vivre. Les bandes les plus avantageuses à établir, celles de Paris, qui ne portent qu'un nom propre et un nom de rue, se payent 1 fr. 80 à 2 francs le mille. Les habitués en font un millier par jour, les mains exceptionnelles arrivent à 1 500, les débutants ne dépassent pas 600. Plus longue est la transcription des adresses de province, de celles des châteaux surtout ; elle décourage les scribes et provoque en vingt-quatre heures, parmi eux, de nombreuses désertions. C'est un moyen détourné de renvoyer du monde.

Quoique la maison Bonnard-Bidault établisse chaque année 65 millions de bandes ou d'enveloppes, et que les autres agences en fassent à peu près autant, ce n'est là qu'une faible partie des imprimés commerciaux qui sont expédiés chaque année ; parce que beaucoup de marchands et d'industriels, — tels les magasins de nouveautés pour leurs catalogues, — tiennent, afin d'avoir des suscriptions plus correctes et soignées, à les faire exécuter sous leur surveillance par des employés à leur solde.

En effet, les copistes à façon usent, pour alléger leur tâche, de malicieuses roueries. Quand ils se trouvent en face d'une adresse un peu longue et détaillée, volontiers ils la sautent ; au contraire, se présente-t-il un nom très court à écrire, ils le reproduisent quatre ou cinq fois de suite. En sorte que certaines personnes risquent de ne recevoir jamais le prospectus, tandis que d'autres sont inutilement gratifiées de plusieurs exemplaires. Quelle agence aussi est à l'abri des erreurs ? Telle qui avait à distribuer 30 000 catalogues à des instituteurs et 30 000 autres à des médecins ou pharmaciens se trompa de destinataires, et, tandis que des pharmaciens recevaient les offres d'articles scolaires, les instituteurs apprenaient, sans comprendre pourquoi on jugeait, utile de les en avertir, qu'une nouvelle manière de préparer les pilules venait d'être imaginée par le docteur X…

Nombre de circulaires sont encartées dans des recueils hebdomadaires ou bimensuels ; elles payaient leur juste part du tarif postal de ces périodiques, jusqu'à ce que l'Etat se fût avisé de leur imposer une taxe égale à celle des prospectus transportés isolément. Le coût du port, à 10 francs par mille, représente moitié de la dépense totale du prospectus in-octavo qui voyage sous bande ; sous enveloppe, ces frais quintupleraient. Mais ici interviennent les agences, qui font pour 15 francs ce que l'Etat fait pour 50, et sèment, de porte en porte, quelque 80 millions de plis fermés, à Paris et dans les grandes villes, par les mains de leurs facteurs privés, L'administration des postes n'en reçoit pas beaucoup davantage, — 85 millions. — Pour les imprimés *sous bande*, elle atteint le chiffre prestigieux de 475 millions par an. La comparaison des différents pays entre eux montre combien la taxe postale influe sur la publicité. Le total des imprimés (journaux compris), qui est en France de près de 1 milliard, et qui dépasse 2 milliards aux Etats-Unis, est seulement de 150 millions en Angleterre, où le taux minimum est de 5 centimes.

Le prospectus serait parfait, s'il n'avait quelque chose contre lui : c'est qu'on ne le lit pas. Sur une quantité déterminée, un petit nombre a chance d'être parcouru d'un œil distrait ; la plupart sont directement jetés au panier. Pour augmenter la proportion de ceux qui seront au moins ouverts, les commerçants s'ingénient à en varier la forme, à en dissimuler le caractère, à piquer de mille façons la curiosité.

Les uns emploient du papier fastueux, y joignent d'élégantes eaux-fortes, des dessins inédits d'un maître ; d'autres, ayant remarqué que les mentions « Personnelle, » « Urgent, » « À lire, attentivement, » n'illusionnaient plus personne, simulent sur l'enveloppe le cachet fantaisiste d'une administration de l'Etat, ou mettent à l'un des angles le mot « Remerciements, » surmonté d'une couronne comtale, ou y font figurer cette indication attrayante : « Invitation à l'Opéra. » Peu importe que, la feuille dépliée, le lecteur constate piteusement qu'il s'agit d'un « anticor, » très apprécié par les demoiselles du ballet ; la publicité est faite.

Au moment du dernier massacre des Arméniens, lorsque l'Europe apprenait avec stupeur que des dizaines de mille hommes tombaient sous le poignard ou la matraque d'assassins, un grand marchand parisien de tapis turcs répandait à flots le fac-similé d'un télégramme qui était censé lui être adressé de Smyrne : « Arméniens s'enfuient ; quatre notables réussi sauver 150 ballots tapis que vous expédions par mer. »

Ce regard, un instant capté par lui, le prospectus s'applique à le retenir : d'une gaine triangulaire en papier rose vous avez extrait un billet parfumé qui débute en ces termes : « Ma toute belle, dois-je ou ne dois-je pas le gronder ?... Pourquoi, méchante, ne t'ai-je pas vue hier soir ?... » Vous savez que cette épître familière est une réclame ; néanmoins, vous tournez la page et, dans le récit d'un concert, vous apprenez l'existence d'un nouvel instrument de musique récemment inventé, « qui vaut à lui seul un orchestre. »

Ce spécimen est autographié ; d'autres correspondances, plus commerciales, sont composées en caractères de machine à écrire ; plusieurs sont manuscrites. Procédé coûteux, — chaque copie revient à 0 fr. 15 par page ; — dangereux aussi, par les bourdes orthographiques que des plumes illettrées laissent filtrer dans cette prose.

Il a pourtant ses avantages, puisque les négociants en vins le pratiquent avec persévérance. On riait de M. Guillaume, affirmant n'être point marchand, mais se plaire seulement à céder son excellent drap à des amis en échange de quelque monnaie. Sur ce personnage classique se modèle à ravir, avec une exquise bonhomie, tout un groupe de maisons de la Gironde. Aucun de ces fournisseurs ne se mêle de trafic ; ils y sont tout à fait étrangers ; celui-ci a simplement reçu quelque dépôt qu'il détaille pour rendre service ; celui-là est « liquidateur judiciaire ; » avec lui, vous profiterez de quelque bonne ruine d'un commerçant en déconfiture ; cet autre a bien fait partie de la corporation mercantile, mais il la quitte : « Je viens vous faire part, écrit-il, qu'un de mes pareils, célibataire, vient de maire héritier de sa grande fortune, à la condition que nous irions vivre en famille chez lui. Obligé de renoncer aux affaires, qui étaient fort agréables pour moi, j'ai l'honneur, Monsieur, de vous offrir, avec grande perte, les meilleurs vins du monde, etc. »

La majorité sont des « propriétaires ; » et, pour écouler le jus de « leurs vignes, » ils disposent d'une richesse de vocabulaire qu'eut enviée le regretté Mangin, lorsqu'il débitait, le casque en tête, des crayons sur son char. Même cette richesse, semble-t-il, les trahit : à lire rémunération des qualités qui distinguent leur sauterne, « nerveux, corsé, charnu, don ; comme les rayons du soleil, » possédant « une limpidité de cristal et un bouquet adorable, » digne, par « sa vinosité, sa sève et son coulant, » d'honorer une « bibliothèque de vins fins, » on se demande comment un simple récoltant tourne si bien une telle harangue, et si le « château » qui orne son papier à lettres n'est pas uniquement le plan de celui qu'il bâtira, après fortune faite. D'autres circulaires sont signées par des femmes ; c'est moins banal. Le style en est pressant, affectueux ; elles renouvellent leurs offres de vin trois ou quatre fois de suite, à des intervalles rapprochés, et s'en excusent : « Vous devez vous dire aujourd'hui, monsieur, dans le fond de votre pensée : Madame

X… tient donc bien à me faire apprécier ses récoltes ; vous avez les sentiments trop élevés pour vous en formaliser… » Suivent tous les bienfaits que procurent ces jus exquis, « qui charmaient l'esprit et le cœur de nos ancêtres, » et, pour finir, votre correspondante s'écrie : « Ah ! je ne m'enrichirai pas, je changerai un franc contre vingt sols à peu près. »

Celui-ci fait mieux : vous ouvrez une lettre largement bordée de noir ; un grand malheur a frappé le signataire, il a perdu un parent très proche ; lequel lui laisse sur les bras des vins de choix, qu'il voudrait bien vendre de suite « pour n'avoir pas à payer les droits de succession, » et aussi parce que « le local où se trouvent ces barriques doit être incessamment démoli… » Faites-vous la sourde oreille ? quinze jours après, une autre lettre du même vous avisera qu'il faut vous hâter, que « le maçon doit venir la semaine prochaine. »

La palme en ce genre appartient peut-être à « une mère de six enfants, » à la veille « d'être expropriée par un prêteur inexorable, si elle ne trouve immédiatement une somme minime… par la vente de son vin, etc. » Annexée au pli est la carte d'un ecclésiastique, qui recommande comme digne de tout intérêt l'expéditrice de cette requête. Bienfaisance et bonne opération, aurez-vous le courage de refuser ? Je ne sais si tous ces industriels réussissent, ni quel est le rendement de leur procédé ; mais ils méritaient une place de choix dans l'étude de la réclame contemporaine. L'envoi de ces divers papiers se combine utilement avec la proposition : aux architectes, d'une remise sur les matériaux qu'ils voudront bien conseiller à leurs clients ; aux médecins, d'une action de jouissance des sociétés d'eaux minérales qu'ils recommanderont à leurs malades ; aux curés, d'une commission « pour les pauvres » sur divers articles qu'ils feraient vendre dans leur paroisse : c'est, dit un post-scriptum édifiant, « la part de Dieu que je me suis juré de prélever sur toutes mes affaires ! »

Dans la catégorie des prospectus rentrent les annonces imprimées au dos des tickets d'omnibus ou de chaises des promenades, à l'entour des menus de restaurant ou des billets de théâtre. On y peut ranger aussi celles qu'un ministre des Finances avait résolu d'apposer, il y a quelque temps, sur les 400 millions de boîtes d'allumettes vendues chaque année par l'Etat. Le ministre évaluait à 5 millions de francs

Section IV

le produit de cette publicité ; il avait des offres sérieuses et estimait assez sagement un pareil revenu préférable à de nouveaux impôts. Un député indigné demanda aussitôt jusqu'où l'on irait dans cette voie et pourquoi l'on n'affermerait pas aussi la publicité des paquets de tabac, des journaux officiels et des murs de bâtiments publics. A quoi l'organe du gouvernement répondit qu'il se bornait pour l'instant aux boîtes d'allumettes, et qu'il dépendait de la Chambre, en s'abstenant de voter des dépenses nouvelles, de ne l'obliger pas à aller plus loin. D'autres législateurs protestèrent ; les uns craignant « que ces annonces profitassent surtout aux gros capitalistes, » les autres estimant « qu'il était peu conforme à la dignité de l'Etat » de se faire marchand de publicité, bien que personne ne juge indigne de lui de se faire marchand de tabac et d'allumettes. La majorité donna raison au ministre, mais le projet tomba dans l'eau.

Aux prospectus peuvent enfin être rattachés les mille objets gratuitement répandus par les magasins, dont ils célèbrent ou seulement rappellent le nom. La carte chromolithographique, naguère chargée de cet office, fut ensuite abandonnée, parce que l'on remarqua qu'elle allait tout droit aux mains des enfants et… n'en revenait pas. Mais combien d'articles l'ont remplacée : abats-jour ou éventails, écrans ou papiers à cigarette, jusqu'à des miroirs et à des parapluies ! Les distributeurs automatiques des gares, livrant galamment pour 10 centimes une chose qui souvent en vaut 15, et payant en outre une redevance aux compagnies de chemin de fer, sont une réclame analogue.

Pareils bibelots, bons pour les fabricants de biscuits et les distillateurs d'absinthe, ne sauraient propager la marque des industries de luxe. De celles-ci viennent les riches albums, aux allures de guides ou d'agendas, dont les dessins originaux, payés jusqu'à 3 000 francs à des artistes on renom, sont reproduits, tantôt par la simili-gravure, qui donne un attrait documentaire aux vues et aux paysages, tantôt par l'héliogravure, qui communique aux bronzes et aux objets d'art la mollesse et le fondu des contours, par la taille-douce ou la gravure sur bois. Lorsque la publicité ne saurait trier dans la foule les « sujets » qu'elle désire « travailler, » l'affiche seule lui convient. Multiple et tenace, elle ne vous arrête point dans votre marche, elle ne vous interrompt pas dans vos pensées ; mais elle vous rend obligatoire la lecture d'un, deux ou trois mots. C'est le crieur de rue qui se fait entendre par les yeux, à 50 mètres de distance. Le placard racoleur, qui s'épanouit au grand jour de la ville sur le mur salpêtré, n'a pas besoin de boniment ; bien plus, chercher à le transformer en agent de conviction, ce serait le réduire à l'impuissance. Chaque outil a sa fonction propre ; celui-ci doit jeter un nom avec persistance et clarté. Pour dire en une seconde au public ce qu'il a de capital à lui dire, il condense la réclame en une courte phrase et l'impose, comme l'orgue de Barbarie apprend à l'oreille les airs qu'il moud sans trêve. L'affiche idéale, agissant d'une façon mathématique, est celle qui n'a pas besoin d'être lue, mais sur laquelle il suffit de laisser tomber son regard pour embrasser, *malgré soi*, le texte.

Ce texte doit-il demeurer immuable dans sa forme ? Doit-il, au contraire, varier de temps en temps ? Les deux systèmes ont leurs partisans : les uns jugent que l'attention s'émousse vite ; qu'il faut, pour l'entretenir, renouveler à chaque instant l'effort ; qu'à passer fréquemment devant Notre-Dame ou le palais du Louvre, on finit par ne plus les voir ; et qu'une affiche à laquelle on s'habitue est comme si elle n'existait pas. Les autres affirment que, pour enfoncer profondément quelque chose dans la cervelle des passants, il faut frapper toujours de la même façon et au même endroit, que l'emblème d'une poudre à punaises ou d'un chocolat vu et revu quotidiennement se loge dans une case de votre mémoire et devient pour vous le prototype du chocolat ou de la poudre insecticide. Grave question de psychologie, que nous laisserons trancher par les experts !

Tous s'accordent, au reste, à bannir sans pitié les fioritures et les arabesques, qui communiquent du fondu à la composition, Ils recommandent des caractères très simples, lisibles à grande distance ; peu de teintes, leur abondance atténue l'intensité du choc visuel. Une pancarte qui, dans un bureau et isolée, paraissait grande et nette, se trouve mesquine et confuse, lorsque, au mur, elle est écrasée par la concurrence. Affaire d'ambiance, d'éclairage et de reculée. L'affiche qui descend sur le trottoir doit être « faite, » comme la tête d'une femme de théâtre qui, pour aborder la rampe, exagère les traits et les nuances de sa figure et substitue un heurté savant à l'harmonie naturelle de son visage.

Ces affiches éphémères, imprimées sur un papier qui ne contient de matières textiles que juste ce qu'il en faut pour retenir le plâtre dont il est presque entièrement composé, sont collées annuellement, dans les rues de Paris, au nombre d'environ 1 500 000 ; les années d'élection, ce chiffre augmente, dans la capitale, d'au moins 800 000 exemplaires. En province, une grande agence de Paris pose, à elle seule, 6 millions d'affiches. Leurs dimensions vont du « quart-colombier, » — 0m, 41 sur 0m, 30, — au « quadruple grand-aigle, » — 2m, 20 sur 1m, 40, — et le coût, pour la taille la plus usitée, est de 100 francs le mille. Mais l'impôt du timbre vient plus que tripler ce prix.

A cet égard, l'affichage vit sous le régime d'une loi de 1852, devenue absurde, parce que la matière régie par elle a complètement changé depuis un demi-siècle. La taxe, qui commence à 6 centimes pour les plus petits modèles, s'élève graduellement à 24 centimes pour les formats supérieurs à 82 centimètres sur 60, *quelque surface qu'ils couvrent*. Au début du second empire, il n'existait pas de presse capable de tirer de grands placards ; tandis qu'aujourd'hui, grâce au matériel typographique en usage, on arrive, pour économiser les timbres, à imprimer des affiches immenses, à employer même du papier continu.

Les premiers qui eurent recours à ce procédé réalisèrent parfois de jolis bénéfices : de ce nombre fut M. Morris, le concessionnaire des colonnes-spectacles. Les directeurs des principales scènes de Paris, pour la confection et la pose des affiches qui annonçaient leurs représentations quotidiennes, avaient avec lui des traités *à forfait*, où le coût du timbre, bien qu'il n'en fût pas fait mention, représentait pour l'entrepreneur un débours assez gros. Il parvint à le réduire en groupant *sur une même feuille*, le programme de plusieurs théâtres. Il obtint de ce chef, à raison de 2 francs par jour sur 150 colonnes, un profit supplémentaire d'environ 120000 francs par an et cela pendant quinze ans, sans que personne se fût aperçu de cette habileté, d'ailleurs légitime.

Lorsque les affiches peintes, inconnues à l'origine, firent leur apparition, la loi les frappa d'un droit de 0 fr. 60, jusqu'à 1 mètre carré, et de 1 fr. 20 pour celles qui excédaient 1 mètre. Comme il se badigeonne, sur de vastes pignons, des fresques de 50 mètres carrés, ce tarif, bientôt reconnu défectueux, fut corrigé et… considérablement augmenté : on institua une contribution de 2 fr. 50 par mètre et par an, qui supprima incontinent la publicité peinte. Quoique le taux fût dix fois plus fort, le Trésor encaissa beaucoup moins. Pour tempérer la rigueur de cette nouvelle charge, on admit quelle ne serait plus annuelle, mais seulement une fois payée.

Cette concession tardive n'empêcha pas les intéressés de trouver moyen d'éluder la loi : il ne se fit plus que des affiches-papier, sujettes au timbre de 24 centimes ; mais elles furent collées sur toile, laminées sur zinc, vernies, solidifiées de mille façons. On inventa un composé de carton et de caoutchouc, — le ruberroïde, — qui, légalement, était toujours du « papier » et non de la « peinture. » L'administration voulut plaider, obtint, suivant les tribunaux, des jugements incohérents et contradictoires et renonça à la lutte.

De toutes les formes de publicité l'affiche est la plus ancienne. Parmi les recommandations faites jadis aux séminaristes de Saint-Sulpice, figurait celle de « ne pas regarder les placards du coin de la rue du Pot-de-fer ; » défense qui remontait à la fondation du vénérable M. Olier et montre que, dès le milieu du XVIIe siècle, la littérature murale n'était pas d'une grande sévérité de mœurs. Son importance devait toutefois être mince, puisque, au temps de la Révolution, la corporation des afficheurs se composait de 40 individus seulement. « Ils sont quarante, ainsi qu'à l'Académie française, dit Mercier, et, pour une plus grande similitude, aucun afficheur ne peut être reçu, s'il ne sait lire et écrire. »

Aujourd'hui, des légions d'ouvriers, embrigadés par les six ou sept entreprises d'affichage, étendent leur pinceau investigateur dans les 36 000 communes de France. Ils affichent à hauteur d'homme, — « pose simple ; » — à « la petite » et « à la grande échelle, » — jusqu'à 3 mètres dans le premier cas et, dans le second, jusqu'à 7 mètres de hauteur. — Ce qui coûte, pour un format moyen, de 10 à 20 francs le cent dans la capitale, et monte à 70 francs en province, pour les plus grandes tailles.

Tout emplacement inoccupé, qui n'est à personne, est à tout le monde : donc ils s'en emparent. Mais, quoique les surfaces affichables puissent être évaluées à 300 000 mètres carrés, rien que dans Paris, les bons coins sont presque tous affermés. Les murs de l'Assistance publique lui rapportent 6 000 francs ; ceux de la

Ville, — 14 700 mètres, — mis à prix pour 15 000 francs en 1884, sont répartis en quatre lots entre plusieurs adjudicataires. Ceux de la gare Saint-Lazare, plus appréciés, sont loués 20 000 francs par la compagnie de l'Ouest. Tantôt, sur de vastes espaces, mesurant jusqu'à 2 000 mètres carrés, sont brossées à l'huile des annonces géantes, à raison de 5 à 6 francs le mètre ; tantôt, des palissades de toile se détaillent en parcelles pour une période de trois ans, minimum nécessaire à l'amortissement des frais de peinture.

L'affiche-papier, livrée à elle-même, disparaît en deux heures, déchirée ou recouverte. Grâce aux agences qui garantissent sa conservation et se chargent de la remplacer, le commerçant sait exactement quels murs tapisseront ces feuilles fragiles, quel public les apercevra, espacées « en tirailleurs, » ou serrées « à l'américaine » par vingt ou trente sur le même point. Car le choix du quartier importe fort : pour le roman à grosses péripéties, où le tragique domine, quartier populeux ; quartier mondain pour un établissement de plaisir ; quartiers graves pour un ouvrage de science.

Dans les gares, les salles d'attente, les wagons, dans les omnibus et les bateaux, l'affiche s'est implantée ; elle est descendue sous terre avec le métropolitain, où elle couvre déjà 30 000 mètres de superficie ; elle délaisse un peu les rideaux de théâtre, parce que la vulgarité de certains voisinages a choqué, dit-on, les réclames de bonne compagnie et les a fait fuir. Elle trouve moyen aussi de se garder des intempéries de l'atmosphère, sans quitter la rue, en se montrant derrière le vitrage des kiosques à journaux et autres, de diverses nécessités. Elle s'y fait voir nuit et jour, grâce au papier « dioptrique, » sur lequel elle est imprimée, qui permet aux rayons du gaz de se réfracter en tous sens. Cet éclairage, payé par les concessionnaires 100 francs par an, dans chacun des 1 200 édicules de ce genre, est, pour la municipalité parisienne, un profit qui s'ajoute à plus d'un million de francs de redevances qu'elle perçoit de ce chef.

La publicité lumineuse n'est d'ailleurs qu'à son début, en France ; nous n'avons rien de semblable à ces lanternes magiques, qui projettent des réclames sur les murs de Londres, sans respecter toujours les monuments nationaux ; si bien qu'on vit, pendant plusieurs soirées, le haut de la colonne de Nelson décorée d'une annonce de pilules, que cette méthode y dessinait d'assez loin en caractères éclatants.

Les toits de nos boulevards s'illuminent seulement d'avis commerciaux qui, brusquement, sortent de l'obscurité en traits de feu et y rentrent, pour faire place à d'autres : « Plus de bonne cuisine sans bouillon X : » « lisez demain tel article dans tel journal ; » « N... frères, sardines et conserves. » L'appareil qui inscrit dans les airs ces recommandations successives consiste en un cylindre, mû à bras d'homme, au centre d'une boite carrée, pleine de lampes électriques formant les lettres de l'alphabet. Au fur et à mesure que chaque mot doit paraître, les contacts sont mis en rapport. La phrase de 36 lettres se paie 300 francs par mois et doit étinceler, pendant 15 secondes, cinquante fois par soirée.

A mesure que la réclame guette et harcèle le public par des inventions nouvelles, il en est d'anciennes qu'elle abandonne ou qu'on lui défend. Le préfet de police a, par un arrêté récent, interdit la circulation des voitures-annonces, et le Conseil d'Etat lui a donné raison. Déjà les exhibitions d'affiches, au moyen du voitures à bras ou à des de porteurs ambulants, tombaient en désuétude. L' « homme-sandwich, » l' « homme à perche, » marchant d'un pas morne, anéanti, préoccupé de présenter le moins de surface possible au vent, contre lequel il lutte, a presque disparu.

De même ces véhicules légers où se prélassent, dos à dos, deux pancartes roulées processionnellement par de pauvres hères à 20 sous par jour. Encore est-il retenu, sur ce salaire, *un sou* pour la location du costume qu'on leur prête. La concurrence et l'avilissement des prix ont tué cette publicité, que l'entrepreneur vendait aux clients, dans le principe, 4 et 5 francs par voiture et qui coûte maintenant 1 fr. 75 : somme insuffisante pour compenser les frais. De malheureux dérisoirement rétribués on ne peut exiger grand'chose ; ils se réfugient dans des rues désertes, — quelques-unes sont connues pour ce stationnement, — se couchent sous leur voiture, mangent un morceau de pain et dorment.

Ce n'est pas un personnel de choix : plusieurs étaient embauchés l'an dernier, à un taux convenable, pour se promener de 7 heures du soir à minuit sur les boulevards, en habit noir et gantés de blanc, portant, étincelante sur leur plastron glacé, une lanterne de poche qu'un électricien voulait mettre à la mode. Dès le second jour, la moitié de ces gentlemen improvisés, filant avec leur toilette, manquaient à l'appel.

J'ignore si leurs collègues, ces pseudo-gandins eu pardessus mastic, qui allaient par bandes de cinq ou six, clamant sur un rythme cadencé les splendeurs du spectacle le plus proche, ont montré aussi peu de délicatesse ; mais la publicité parlée, renouvelée du moyen âge où les crieurs de bains annonçaient par la ville, à certaines heures : « Les bains sont chauds, c'est sans mentir, » ne semble pas appelée à une grande extension. Tout au plus se produit-elle, en quelques théâtres de second ordre, sous la forme d'un dialogue où le personnage, complimenté sur sa bonne mine ou sur son élégance, se vante d'absorber tel remède ou de s'habiller chez tel tailleur.

Ainsi que les placards roulants, les bas-reliefs en carton pâte ou les figures de staf vernies, promenés sur des tréteaux, ont été de courte durée. A ces sculptures mouvantes la marche communiquait un tremblement convulsif, un balancement fâcheux de roulis et de tangage. Sur l'un des balcons de l'avenue de La Motte-Piquet, qu'une agence d'annonces avait affermé, les visiteurs de la dernière exposition, entraînés par le plancher mobile, contemplaient au passage un cornichon de 4 mètres de haut, grâce auquel un fabricant de ces cucurbitacés se rappelait à leur souvenir ; mais ces représentations excentriques sont rares.

Partout où s'arrête la foule, partout où elle passe, l'affiche la suit. Elle s'implante dans les plus beaux sites de l'Europe, au Righi, au Pont-du-Diable, à Schaffouse ; elle macule la façade d'accès du Mont-Saint-Michel ; elle déshonore les chutes du Niagara, sur toute la rive américaine : elle envahit les hauteurs même de l'Himalaya.

Elle s'espace le long des lignes de chemin de fer et se plaît, eu rase campagne, à torturer le voyageur. Le train file, le paysage se renouvelle sans cesse ; vous laissez tomber votre journal pour admirer ce tableau furtif qui s'encadre dans la vitre de la portière. Horreur ! Vingt fois, cent fois de suite, avec une effrayante monotonie, vous apprendrez que tel extrait de viande ou tel bitter est le roi des apéritifs ou des bouillons. Devant les coteaux pittoresques, les prairies onduleuses, se dresse la hideur insinuante de ces écrans monstrueux, jaunes, bleus ou rouges. C'est, entre eux et vous, une lutte d'obstination. De rares lacunes vous laissent la vision rapide d'un clocher, d'un bouquet d'arbres, d'un troupeau ; et toujours vous espérez la fin des affiches, tandis qu'elles se succèdent sans hâte, avec la régularité précise des choses fatales. Quoi de plus odieux, de plus horripilant ; et, par suite, quoi de plus efficace, disent les annonciers !

Section V

Au contraire de ces pancartes qui s'imposent, comme des fâcheux implacables, par leur importunité, d'autres affiches, élevées au rang de l'estampe, demandent à la palette du peintre leurs chances de persuasion. Elles s'efforcent d'obtenir du passant ce coup d'œil dont on se souvient, parce qu'il a plu, et de glisser sournoisement dans sa mémoire, par la suggestion de l'image, un nom que l'obsession du placard nu aurait mis des mois à y fixer. Paris développe ainsi, en une fresque vague, sur des palissades ou des crépis lézardés, la figuration allégorique de ses spectacles, de ses modes, de sa vie.

C'est la plus récente incarnation de l'affiche. La plus vieille remonte à cent quarante ans avant notre ère, sous l'aspect d'un papyrus égyptien contenant le signalement de deux esclaves échappés d'Alexandrie et promettant une récompense à qui indiquerait le lieu de leur retraite. Les avis officiels se gravaient alors sur la pierre ou sur l'airain ; une stèle du temps d'Hérode le Grand menaçait ainsi de mort quiconque pénétrerait dans l'esplanade du temple. A Rome, on écrivait, au pinceau les annonces des ventes, des locations, des combats de gladiateurs, et l'on peignait, parfois, sur la porte du théâtre, la scène où l'acteur principal se montrait avec le plus d'avantages.

Au XVIIIe siècle, des vignettes appropriées commencent à orner les affiches des confréries religieuses, en même temps que celles des comédiens et des racoleurs militaires. Un équilibriste italien est représenté, en 1730, dans tous ses exercices. Un dragon, d'allure engageante sur un beau cheval, surmonte ; l'invitation : « A la belle jeunesse, qui brûle de servir son roi… ; accourez dans Penthièvre, y est-il dit, dont la gloire est aussi ancienne que l'origine. Le lieutenant fera aux recrues toutes sortes de bonnes compositions. »

Un sujet pieux, occupe le haut d'une affiche paroissiale (1719), défendant aux hommes de se présenter à l'église en tabliers ou les cheveux en papillotes, et surtout d'y mener des chiens que « le Saint-Esprit, dans l'Apocalypse, ordonne expressément de chasser de la maison de Dieu. » On possède quelques affiches théâtrales de Moreau le jeune, échappées à la destruction inévitable de ces papiers qui, non seulement étaient lavés par les pluies, mais vendus souvent en fraude, par les afficheurs, aux épiciers et aux « beurriers. »

Toutes ces gravures étaient en noir. Les premières illustrations coloriées parurent, au début du règne de Louis-Philippe, sur les romans dits « de cabinets de lecture : » — *Comment meurent les femmes, Marthe la Livonienne, les Rêveries d'un étameur.* — En 1860, d'autres commerces adoptèrent le procédé : *L'ami du cuir,* brillant, français fixe, montra comment l'on remplaçait son miroir par ses bottes ; divers « salons épilatoires » s'exhibèrent dans le feu de l'action et un marchand de combustible demanda au crayon de Daumier : « Le charbonnier et la bonne. » Mais « l'art mural » n'avait pas trouvé sa voie.

Son créateur futur. Jules Chéret, était alors absent de France. Les deux frères Chéret, Jules et Joseph, — ce dernier entré plus tard chez Carrier-Belleuse dont il devint le gendre, — n'avaient reçu aucune éducation artistique. La rue, les vitrines des marchands de tableaux et les musées, le dimanche, furent leur seule école. Ils habitaient en commun une chambre meublée d'un petit lit, où chacun couchait à son tour pendant que l'autre se contentait du plancher. Jules apprenait chez un lithographe, à faire, « à main levée, » sur des têtes de facture, la lettre bâtarde ou coulée, ronde ou gothique, ainsi que les caractères d'imprimerie, depuis le gros parangon jusqu'à la perle. Il dessina au « pistolet » sur des fonds au pointillé, passa aux armoiries de souverains, aux vues de magasins dans des perspectives flatteuses et finit par les attributs délicats, soutenus par des amours, pour des boîtes à bonbons ou des dentifrices.

Un parfumeur anglais, qu'il appelle son bienfaiteur, se l'étant attaché pour décorer ses flacons, Chéret avait aussi abordé, à

Londres, l'illustration des titres de romances. Rentré à Paris aux environs de sa trentième année, en 1866, il s'essaya dans l'affiche. L'invention nouvelle de machines chromolithographiques allait permettre de tirer journellement 2 000 de ces estampes, auxquelles un encrage savant donne les transparences de l'aquarelle, tandis qu'avec les anciens outils, avec le coloris donné « au patron, » il fallait une journée pour obtenir peut-être douze exemplaires.

Aux Etats-Unis, terre classique de la réclame, toute une brigade de chromographes et de dessinateurs, — ceux-ci payés 2 000 francs par mois, — achèvent, dans l'imprimerie Morgan à Cincinnati, vingt-quatre grandes pierres chaque jour. Rien que pour des cirques, il y est composé annuellement 4 000 affiches, et, pour un seul exercice, le compte personnel de M. Barnum s'élevait à 200 000 francs. Mais les placards américains ont un caractère de sécheresse et de lourdeur.

Chéret, lui, a voulu mettre, dans cette chose basse et passagère, l'affiche, le même art que Clodiou avait mis dans des pommes de canne, Jean Goujon dans les marteaux de porte ou Cellini dans un hanap ciselé. Ingres recommandait à ses élèves la décision par ce précepte : un couvreur tombe du toit ; avant qu'il soit à terre, vous devez l'avoir posé sur le papier en quatre lignes ; le premier souci de Chéret est de trouver le geste, marche, ondulation, course ou vol de son modèle préféré, cette Parisienne, d'une longueur voulue, au sourire hiératique, déesse païenne qui s'enivre de son apothéose. Mais, si ce « maître de l'affiche » est vraiment original, c'est pour avoir réalisé l'harmonie des couleurs voyantes. Ce n'est pas sans un labeur persévérant qu'il est parvenu, par la juxtaposition de taches heurtées, aux nuances tendres, aux colorations assoupies.

Il s'applique à voir « le bouquet » dans ses esquisses, s'y exerce l'œil, mêlant son propre rêve à l'étude de la nature, demandant l'inspiration tantôt aux devantures des modistes, tantôt aux nacres irisées des coquillages, surtout aux ailes radieuses des papillons qui couvrent les murs de son atelier, piqués sur de vastes tableaux. D'abord Chéret fut presque le seul à dessiner îles affiches ; peu à peu surgirent des imitateurs et des émules : les frères Choubrac, Léandre, Toulouse-Lautrec et, au premier rang, A. Willette, auteur d'une lithographie exquise, *l'Enfant prodigue*. Puis on prétendit avoir l'affiche « de grand art » ; on la commanda à des maîtres mystiques et recueillis comme Puvis de Chavannes, à des peintres comme Rochegrosse qui livrèrent des estampes d'intérieur, des gravures de journal, nullement ces habiles débauches de tons criards, qui doivent être des coups de pistolet sur le mur.

Avant tout, en effet, il faut prendre garde que l'affiche illustrée ne « fonde » au milieu de ses voisines ; il faut qu'elle lutte avec les boutiques qui l'entourent, avec les cinq étages des maisons qui la dominent. Tant que le croquis est à l'état d'étude ou de mise sur pierre, le dessin de Chéret ne rend rien ; mais, une fois collé à la muraille, il produit, avec un petit nombre de couleurs, l'effet tout spécial auquel aucun autre n'atteint. Le tirage se fait par trois ou quatre impressions superposées : l'une en bleu foncé, imitant le noir, établit les lignes du crayon, puis la note du rouge et du jaune, enfin le fond : les tons froids, bleus ou verts, dans le haut ; dans le bas, les tons chauds, comme l'orangé.

En trouvant la formule de la décoration extérieure, Jules Chéret a trouvé aussi la notoriété et l'aisance. De ses mains sont sorties plus de 1 000 affiches, payées 600 francs chacune, outre 50 exemplaires avant la lettre, qui, revêtus de sa signature, acquièrent aussitôt un bon prix dans le monde des collectionneurs. L'artiste prépare maintenant, suivant ses tonalités de plein air, un grand panneau pour l'Hôtel de Ville : *les Joies de la vie*, et l'on exécute aux Gobelins une tapisserie dont il a fourni les cartons.

Là disparait pour lui cette lancinante obligation de marier, par gré ou par force, une « petite femme » affriolante avec des machines à coudre ou des pâtes alimentaires, des chicorées ou des pétroles, des eaux sulfureuses ou des hôtelleries ; car il faut que l'image toujours fasse corps avec la réclame. Les clients ont leurs exigences !

Presque toutes les industries ont eu recours, depuis quinze ans, aux placards illustrés : des parfumeurs et des photographes, des ustensiles de voyage et des compagnies d'assurances, des poêles et des parapluies, surtout des théâtres et des cafés-concerts. Pour célébrer dignement ces produits, ces besoins et ces institutions diverses, la publicité imagée a fait passer sous nos yeux des humains de tout âge et de toute condition, faisant à peu près tout ce que l'on peut faire en ce monde, jusques et y compris de « porter sa tête sur l'échafaud, » — suivant l'expression consacrée, — car les condamnés à mort n'ont pas manqué dans cette « défilade » de contemporains et de contemporaines mêlés, où figurèrent le chef de l'État et « la Goulue, » des « gommeux » et des députés, des soldats et des clowns et des processions de polichinelles, zébrant l'espace, s'enfonçant et bleuissant dans un ciel d'azur apaisé.

Deux bébés jaunes et roses se disputent des nonnettes de Dijon sur un fond vert cru ; une Frisonne plantureuse, aux tempes plaquées de cuivre et le chignon casqué de ; métal, nous recommande du cacao ; un tricycliste conquérant, derrière lequel court un gendarme essoufflé, enlève sur son « tuf-tuf » une jeune blonde, sous les yeux de l'époux ébahi.

Où l'affiche coloriée revient sans cesse, où elle se complaît, où elle triomphe, c'est dans la représentation d'un être femelle aux traits chiffonnés, moitié princesse de féerie et moitié « gigolette, » les lèvres entr'ouvertes, des mèches folles sur le Iront, les yeux prometteurs, — nos aïeux disaient « fripons, » ce qui d'ailleurs revient au même. — Type illusoire, tantôt se déhanchant dans un nuage de gaze, tantôt à cheval pour propager un journal de courses : parfois s'offrant, en costume de bains, aux caresses de la laine pour lancer une station balnéaire, fumant en l'honneur d'un papier à cigarettes, écrivant en vue de populariser une encre indélébile, essayant des bottines afin de nous donner le nom d'un cordonnier, ou brandissant une lampe au profit d'un marchand d'huile minérale ; toujours la même par l'expression, quoique indéfiniment différente dans l'attitude, elle prête à toutes les offres du commerce le charme de sa petite personne, un peu légère et, si l'on veut, trop hardie dans le déploiement de ses séductions.

Mais la civilisation invente, pour notre bonheur, tant de choses laides et tristes, qu'il sera beaucoup pardonné ; sans doute à cette forme d'annonces, pour sa note de grâce et de beauté.

ISBN : 978-1979633468

www.ingramcontent.com/pod-product-compliance
Lightning Source LLC
Chambersburg PA
CBHW050250230526
45470CB00005B/2199